孩子读得懂的元宇宙

① 探索"新世界"

于欣嫒 著 汤二嬷 绘

北京理工大学出版社
BEIJING INSTITUTE OF TECHNOLOGY PRESS

图书在版编目（CIP）数据

孩子读得懂的元宇宙：全3册 / 于欣媛著；汤二嬷
绘. -- 北京：北京理工大学出版社，2023.8
ISBN 978-7-5763-2291-0

Ⅰ.①孩… Ⅱ.①于… ②汤… Ⅲ.①信息经济－青
少年读物 Ⅳ.①F49-49

中国国家版本馆CIP数据核字（2023）第066746号

出版发行 / 北京理工大学出版社有限责任公司
社　　址 / 北京市海淀区中关村南大街5号
邮　　编 / 100081
电　　话 / （010）68914775（总编室）
　　　　　（010）82562903（教材售后服务热线）
　　　　　（010）68944723（其他图书服务热线）
网　　址 / http://www.bitpress.com.cn
经　　销 / 全国各地新华书店
印　　刷 / 三河市金元印装有限公司
开　　本 / 787毫米×1092毫米　　1/16
印　　张 / 11.5　　　　　　　　　　　　　　　责任编辑 / 陈莉华
字　　数 / 123千字　　　　　　　　　　　　　文案编辑 / 陈莉华
版　　次 / 2023年8月第1版　2023年8月第1次印刷　责任校对 / 刘亚男
定　　价 / 69.00元（全3册）　　　　　　　　　责任印制 / 施胜娟

目 录

I
宇宙之外的
世界——
"元宇宙"

如果问你一个问题：你知道你生活在什么城市吗？

你也许会回答：我生活在北京、上海……或其他城市。

再问你一个问题：你知道我们生活在哪个国家吗？

你肯定会毫不犹豫地说：当然是在中国！

那么聪明的你也一定知道，

在比城市、国家更大的范围，

那就是一颗名为"地球"的蓝色星球了，

所有的人类都生活在其上。

那么，在地球之外更大的范围，

我们人类生活在哪里呢？

答案是：我们生活在"宇宙"里。

你一定不是第一次听说"宇宙"这个词了。

在宇宙中，还有火星、金星、木星……

这些距离地球非常遥远的其他星球。

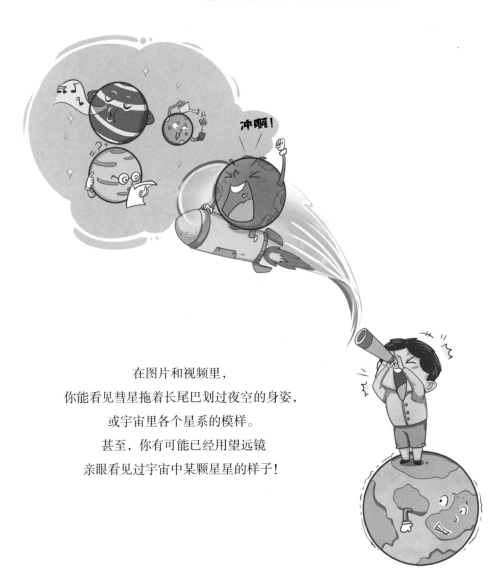

在图片和视频里，

你能看见彗星拖着长尾巴划过夜空的身姿，

或宇宙里各个星系的模样。

甚至，你有可能已经用望远镜

亲眼看见过宇宙中某颗星星的样子！

人们通过观测和计算，
推测出了宇宙的来源——
可能是 137 亿年前的一次大爆炸！
渐渐地，
人们又通过推演和试验，
证实了许许多多的宇宙法则：
光的速度是 299792.458km/s，
重力加速度的方向总是竖直向下的，
物体飞行的速度
只要达到 11.2km/s 就能脱离地球引力……

虽然人类并没有探索到宇宙的每一个角落，
但对于这个"现实"的宇宙，生活在宇宙中的人们并不陌生。

别这么看我

在这个宇宙里，人们知道许多常识：人类是不能飞的，但是大多数鸟类可以；
工具需要被制造出来，而不能凭空出现。

任何生物都有生老病死，

小到鱼缸中的金鱼，

大到活了千百年的大树；

一个人只有一副面孔，

相貌不会轻易改变

……

在 1992 年以前，

如果你问一个路人：

我能有几张不同的脸吗？

他一定会肯定地告诉你：不能。

但是，如果你立刻坐飞机来到美国马里兰州，向一位科幻作家问这个问题，

他或许会给你一个新的答案：当然可以！

只要你超越我们现在的这个宇宙，进入"元宇宙"中！

在那里，你想换几副面孔都可以！

这位美国的科幻作家名为尼尔·斯蒂芬森。

请记住这个重要的名字！

尼尔·斯蒂芬森

他是一位非常有想象力的科幻小说作家，

善于运用各种奇妙的科技元素，

创造出一个个新颖、充满奇思妙想的未来世界。

在这位美国作家的书里，

你会看到虚拟现实、人工智能等前沿科技元素。

在这些元素创造出的未来世界里，

你可以看到人类面临的各种可能性和挑战。

更重要的是，他所写的一本小说，

开创了一个新纪元。

1992 年，尼尔·斯蒂芬森撰写的科幻小说《雪崩》出版。
在这部小说里，除人们生活的"现实宇宙"外，
还存在一个独立的虚拟空间。

在那里，
一个人能同时有不同的脸、不同的身份，
能将普通的纸张变为刷卡的钥匙，
甚至能瞬间出现在世界上的任何地方！
可以说，只要你想的话，
几乎无所不能！

在这个神奇的宇宙中，
那些束缚着现实宇宙的法则不再奏效——
你可以脚踩着高科技滑板在天上飞翔；

可以用章鱼的吸盘吸附在汽车上搭顺风车，
不用担心摔下来；
也可以从能装下无数东西的衣服口袋里，
掏出信封、手电筒等所有你需要的道具。

由于在尼尔·斯蒂芬森所描述的神奇宇宙里，

人们可以做出许多超越常识的事，

所以尼尔·斯蒂芬森发挥了自己的"起名"天赋，

将英文单词中的"超越"（Meta）一词与"宇宙"（Universe）一词组合起来，

将这个神奇的宇宙命名为"元宇宙"（Metaverse）。

如果有人问你，第一个给元宇宙起名的人是谁？

你要大声告诉他——是尼尔·斯蒂芬森！

Meta+Universe=Metaverse

可惜在尼尔·斯蒂芬森生活的年代，
元宇宙只是存在于科幻小说里的一个虚构的概念。
几十年前的人们连自己生活的现实宇宙都搞不清楚呢，
更别提超越现实宇宙，进入元宇宙中了！

而在你生活的年代，也就是当下，
人们已经能够看见元宇宙的雏形，
并通过高科技技术，
向元宇宙伸出了探索的手。

2
构成元宇宙的物质——数据和引擎

最开始，现实宇宙只是一个质量很大、体积很小的点，
叫作"奇点"。
在大约 137 亿年前的某一天，
奇点突然发生了大爆炸——"砰！"
在这场无法想象有多剧烈的爆炸里，
有许多新的东西被"炸"了出来——
先是原子核，再是原子，
然后分子出现了。
它们复合成气体，
气体又逐渐凝聚成星云，
星云挤在一起，
最终形成了星系与一颗颗星球。

这场"宇宙大爆炸"中诞生的东西，
不论是最基础的原子、原子核，还是后来形成的星球、星云，
都被人们称作"物质"。
物质构成了我们的现实宇宙。
在现实宇宙里，所有真实存在的东西都是物质。

看不见的空气是物质，
桌子椅子是物质，
可爱的小狗是物质，
当然，我们人类也是物质。

各式各样的物质形成后，
乱七八糟地散落在宇宙里——
原子你撞我、我撞你，
在星球爆炸后重组……
所有事情似乎都是不确定的。
这时的宇宙，
是特别危险、不太有趣的。

想让这个宇宙正常运转，
必须要有一个关键的东西——
"宇宙法则"发挥作用。
原子、星球们，
按照法则运转起来吧！

你一定知道，
物质间有一些耳熟能详的"法则"。
比如，"引力法则"让星球绕着星球转，
所以地球绕着太阳转，
月亮又绕着地球转。

又比如，
"重力法则"让扔出去的东西落回地面，
所以在地球上扔出一个小球，
它最终会落回地面，而不是飞出地球。
正是这些"法则"，让我们的现实宇宙正常运转着。

有了宇宙大爆炸，才有了物质。

而物质在法则的指挥下，

构成了我们精彩的现实宇宙。

——以上，就是现实宇宙的诞生。

那么，元宇宙的诞生，需要什么样的条件呢？

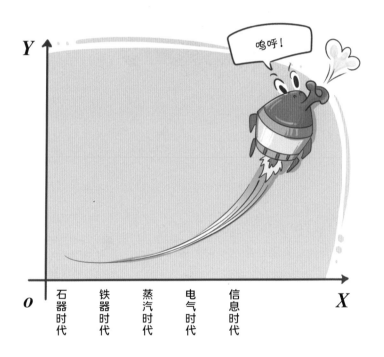

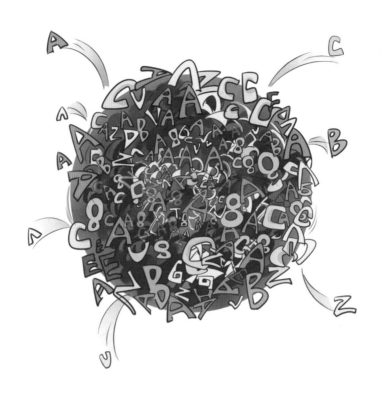

让我们从最基本的说起。

现实宇宙最开始的来源，是"宇宙大爆炸"。

而对于元宇宙，

它的来源是"科技大爆炸"。

管他是什么呢，爆炸就行了！

提出"科技大爆炸"理论的雷·库兹韦尔是一位非常厉害的人物，
他有两份工作——创办和管理一所非常先进的学校（叫作奇点大学），
以及在著名谷歌公司里进行计算机技术的研发。
他很聪明，能够设计出各种酷炫的数字设备和虚拟工具，
并且让其他人也可以使用它们。

雷·库兹韦尔

雷·库兹韦尔
是我认可的！

比尔·盖茨

就连比尔·盖茨都曾评价说："他是预测人工智能最准的未来学家"！
如果你能和雷·库兹韦尔成为朋友，
或许就能探索到当下最先进的元宇宙！

雷·库兹韦尔曾经断言，
科学技术的发展就好像"奇点大爆炸"一样：
一开始，内部的发展非常缓慢；
之后，能量越来越大，积累的东西越来越多，
马上就要到达临界值了……
最终，在某个时刻——"砰！"

当人类进入信息时代，特别是走进 21 世纪后，
互联网技术逐渐成熟。
与此同时，人们迎来了一系列技术红利：
电子游戏技术的升级、人机交互技术的进步、物联网技术的出现……

这一系列"科技大爆炸"
就好像宇宙大爆炸，
只不过，
宇宙大爆炸带来了众多的物质，
而科技大爆炸带来的则是众多的数据。

在科技大爆炸之后，无数数据在网络世界中涌现。

一张图片、一段文字、一个游戏人物造型、一幅虚拟世界的场景……

这些都是数据。

每天，人们在微博上发表的每一句话、

在软件上发布的每一个短视频，

都创造了新的数据，

就连你在游戏里的每一次移动，也都成为数据。

当数据像物质一样聚合在一起时，
便会呈现如同星云、恒星、彗星一般
五光十色的"互联网世界"。

正如数量庞大的物质构成了现实宇宙一样，
无数数据在互联网中构成了元宇宙。
在元宇宙里，数据就是构成一切的材料。

现在，让我们来回忆一下，要建立一个宇宙需要的条件：

最开始的"大爆炸"——有了。

最基础的构成物质——"数据"也有了。

还缺什么呢？

没错，还需要一定的"法则"。

如果现实宇宙没有法则，那么物质就会乱飞；

如果新生的元宇宙没有法则，

那么数据也会没有章法地到处乱飞，无法构成任何东西。

想象一下，当你进入元宇宙时，
耳朵里飘来无数人说的话语、
头上砸下奇怪的屏幕、
虚拟的石块横七竖八地摊在地上……
这可真招人烦啊！

数据到底要按什么规律、
用什么法则聚合在一起呢？
为了让元宇宙中杂乱无章、
到处乱飞的数据守"规矩"，
科学家开发出了元宇宙的"指挥官"——引擎。

引擎会"细心地"安排每个数据的位置，
并告诉它们要如何聚集才能凝结成一个虚拟场景、
一个虚拟人物、一栋虚拟建筑……

什么样的数据搭配在一起，
能够形成元宇宙里的太阳；
什么样的数据搭配在一起，
能够让这颗太阳看起来在笑。

在元宇宙里，这些由引擎来一一指挥、构建。
元宇宙有了引擎之后，
就有了真实的光线、建筑，有了逼真的场景、房间，
还有了人物模型、动物模型——
它们都是在引擎的指挥下，由数据构成的。

引擎

正是由于引擎的出现，才有了元宇宙里那些最基础的法则。

就像在现实宇宙中，地球遵照法则绕着太阳转一样。

在元宇宙，遵照引擎安排的规则，

由数据聚合成的虚拟人物也开始运转。

当一个元宇宙中的人物跳起时，

引擎能够迅速计算出这个由数据构成的"人"能跳多高；

当一个元宇宙中的人物说话时，

引擎也能够模拟出他嘴巴张合的样子。

不同的引擎管理着元宇宙世界的不同方面，
使得整个虚拟世界得以运转。

物理引擎

"物理引擎"管理着物理法则，
使得数据能够规律地组成多种多样的事物；
"运动引擎"管理着运动法则，
使得元宇宙中的万物能够到处活动……
还有各种各样的其他引擎，
都在做着它们该做的事情。

运动引擎

引擎如同元宇宙中的"最强大脑"。

在引擎的指导下，

这个新世界已经知道要怎样运转了。

但是，真正让元宇宙变得精彩的东西还没出现呢！

如果天上的鸟儿只会按照固定路线飞行，

如果可爱的小狗不会与你亲近，

如果人们只是重复语句的数据模型……

这样的世界，岂不是有些无聊吗？还缺了什么呢？

3

原住民的
存在——
人工智能

经历了科技大爆炸、数据的聚合、引擎的指导，

现在，元宇宙里已经有了很多东西。

但人们若在此时踏入元宇宙中，不免会觉得有点儿寂寞。

因为这时的元宇宙里，

虽然已经有了数据汇合成的动物模型、人类模型，

但还缺少一样东西——

没错，就是智慧的大脑。

现在的元宇宙里，已经有了一个个由数据构成的人物。

这些虚拟世界里的原住民可以发出声音、做出动作，

但若他们只会呆呆地重复设定好的语句，

做出千篇一律的动作，

我们当然不会认为他们是能交朋友的"智慧生命"。

只有他们有了自己的"大脑"，

能够按照他们自己的意愿来与人们进行交流，

我们才会觉得他们是真正有智慧的、有灵魂的人物。

如何让元宇宙里的人物拥有"大脑"，

又如何让虚拟的人物变得聪明呢？

科学家提出了建议：

如果它们没有大脑，就人为给它们装上嘛！

这时，到了神秘技术出场的时候了。

请大家鼓掌欢迎——人工智能！

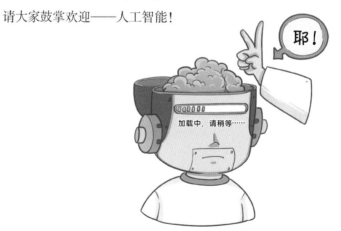

我们可以把人工智能看作
科学家给虚拟世界的人物专门设计的"大脑"。
装上了它，
元宇宙中的原住民就有了感知和思考的能力。

有了这颗"大脑"，
他们便能听懂人们说的话，
识别人们行为的含义，
并且对世界的变化做出反应。

光有大脑还不够，
这个大脑还必须足够聪明，
才能使原住民自如地跟人们交流，
自然地做出符合人们认知的反应。

普通大脑

学海无涯

聪明的大脑

那么，
要怎样让这个大脑变得更聪明呢？
想想看，如果你想要变得聪明，
会怎么做？
答案当然是——学习。

在现实世界里，
父母送我们去学校上学，让我们学习知识，
目的就是为了培养我们的思维能力，
让我们原本普通的大脑，
变成聪明的大脑。

而在元宇宙里，
原住民拥有的人工智能也跟我们一样，
能够不停地学习，吸取各种各样的知识，
不断增强对世界的感知。

装上了人工智能的原住民在经过不断学习后，

便能够理解来自现实世界的我们所说的话、所做的事。

当他们的大脑变得越来越聪明时，

他们自然也就越来越接近有智慧的、有灵魂的人物。

或许某一天，你甚至会分不清，

在元宇宙里，哪些是拥有人工智能的虚拟原住民，

哪些是拥有真正大脑的现实人类。

我们可以把这些虚拟原住民

称作 AI，

也就是"人工智能（Artificial Intelligence）"的缩写。

但别忘了，在元宇宙里，

能装入人工智能的原住民，可不一定是"人"。

在由物质构成的现实世界中，
想要把一个东西安装到另一个东西里，
也许比较麻烦。
但在由数据构成的元宇宙中，
只要科学家将人工智能的数据告诉引擎，
它就能够让所有由数据组成的东西具备人工智能——
由数据组成的人物可以拥有人工智能，
由数据组成的小狗可以拥有人工智能，
甚至由数据组成的高楼大厦
也可以拥有人工智能！

未来，
也许你会在元宇宙里背靠一栋大楼，
向你的朋友介绍：
"看，这是我在元宇宙的新朋友。"

在元宇宙，
有着生物外形的东西与有着非生物外形的东西
都能拥有聪明的"大脑"，
都能成为与人们交流、沟通的朋友。

这些原住民的外形甚至可以是
人们耳熟能详的动漫人物：
《超级飞侠》里的乐迪、《小猪佩奇》里的乔治、
《汪汪队立大功》里的毛毛……
也可以是人们完全没见过的、奇形怪状的精灵。
这些由数据聚合成的形象，具有无限的可能。

4

与元宇宙的交互——VR技术

让我们来看看新生的元宇宙里已经有什么了。

嗯……有由数据构成的万物，有宇宙运行的法则，

甚至有很多很多原住民！

这里已经是一个有模有样的世界了。

看来是时候踏进元宇宙里，感受它的有趣了。

问题来了——

我要怎么走进元宇宙呢？

这个宇宙有大门吗？

哪里会有神奇的传送门呢？

还记得我们之前说的吗？元宇宙是由数据构成的世界。

而这些数据都在哪里呢？

——当然是在网上。

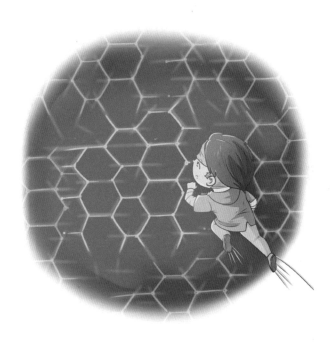

所以，要想踏入元宇宙的世界，
首先要进入网络世界。

每天，人们都在互联网上交流信息，产生数据。

人们设计的动漫人物是一串数据，

上传的短视频是一串数据，

发布的一条动态也是一串数据……

这些数据被存储在互联网这个超大容量的空间中，活跃在网上。

人们能够利用手机、计算机、平板电脑这样的终端对网络世界产生影响，

甚至可以在其中创造可供虚拟人物对战、生存的游戏空间。

可以说，人类是网络世界的生产者和创造者。

但是，如何让创造者本人进入网络空间呢？

既然网络世界和元宇宙一样，都是由数据构成的，

那么只要将人也变成数据，再放到网上，

人类不就也可以化身成数据，徜徉在网络世界了吗？

科学家这样想着，

便开始尝试各种办法。

其中，VR便是不可或缺的一个技术手段。

VR 的全称是虚拟现实（Virtual Reality），
是一种可以创建和体验虚拟世界的计算机仿真系统。

通过在人类身上加装感官采集设备，
VR 技术就能够将人们的行为、
动作转换为数据，
并将这些数据导入虚拟世界，
使虚拟世界中的人物
做出与现实世界里相同的动作。

VR 技术所使用的感官采集设备一般有
智能眼镜、头盔、手握式短柄等。
这些设备能够采集人们的行为信息（如眨眼、转头、挥舞手臂），
并将它们快速地转化成电子信号，
然后通过计算机将这些电子信号转变为虚拟世界中的数据。

智能眼镜

头盔

手握式短柄

这样，
人们在现实世界中产生的物质运动，
就变为虚拟世界中的数据运动。

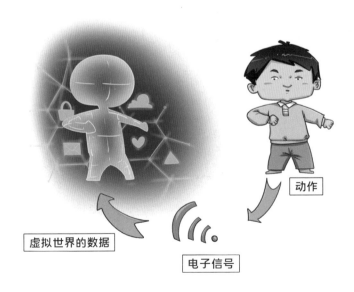

动作

虚拟世界的数据

电子信号

利用 VR 技术，人们能成功地把自己的感觉和行为变成数据，
而只要将 VR 设备连接上互联网，
人们在现实世界中的感觉和行为，
自然也就变为了网络世界中的感觉和行为。

这时，你也许会说：
我的感觉和行为进入网络世界了，
但我本人还没进入呢！

要怎样在网络世界或是元宇宙中创造一个"你"呢？

别忘了，元宇宙是由数据构成的。

而人们的面容、身高和体形在元宇宙中都不过是一串串的数据。

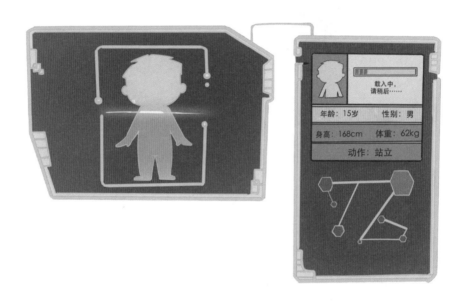

就像在游戏中创造属于自己的游戏人物一样，

人们只需要将想要的模型需求告诉引擎，

引擎就会打造出最符合需要的人物模型，

或者说，打造出人们在元宇宙中由数据构成的"肉体"。

借助先进的 VR 技术和善于建模的引擎，

在元宇宙中有了"数据肉体"的人们，

便能够对元宇宙中的事物进行操作并得到反馈。

虽然有的时候，

有些反馈不一定和现实世界相同，

特别是在建模不精确的时候，

轻飘飘的大巴、沉甸甸的羽毛，

这些都有可能出现。

不过，在建模精确的情况下，
当人们在元宇宙中抓起一个足球时，
人们的眼睛可以感知到物体的形状，
手可以感知到物体的质量，
物体也会随手的操控而移动。

有了先进的 VR 技术，
人们便可以与元宇宙中所有事物进行交互了。

当人类在元宇宙中有了由数据构成的"肉体",
又有了将感觉与行为转化为数据的技术,
还有了将数据复制到虚拟"肉体"上的技术时,
人们便真正化身成了鲜活的数据,
进入元宇宙之中。

关键词大揭秘

元宇宙 • 元宇宙是一个由人工智能、区块链等技术构建的虚拟三维世界，它模拟了现实生活中的动态环境和社会互动，并让人可以进行身临其境的沉浸式体验。

尼尔·斯蒂芬森 • 一位美国科幻小说作家，最为知名的作品是《雪崩》。他的作品充满了浓厚的技术、哲学和文化内涵，深受科幻小说爱好者的喜爱。

《雪崩》 • 一部科幻小说，男主人公阿宏是一个自由黑客、刀客兼比萨饼外卖员，在一次送货途中，他结识了女主人公"Y.T."。他们发现了一种既能感染电脑，也能让人体产生依赖的病毒"雪崩"，两人组成搭档，与反派势力斗争，并拯救了人类。

宇宙大爆炸 • 开始于大约 137 亿年前，宇宙的前身——奇点发生爆炸后，宇宙中的各种物质（例如星球和星系等）才慢慢形成。这个理论被认为是解释宇宙起源和发展的较为可信的理论之一，科学家认为，如今的宇宙还处于不断的膨胀中！

数据 • 计算机用语，一般用二进制来表示。数据被存储在计算机内存、硬盘、数据库中，经常被用来进行各种计算和分析。在我们日常生活中，有各种形式的数据，比如数字、文字、图片、音频等。

引擎 • 一种消耗燃料并将其转化成动力的机器，就是我们常说的"发动机"。在元宇宙领域，引擎是维持世界运转规则的计算机程序。

物理法则 • 描述自然现象和力学规律的基本规则。如牛顿定律、能量守恒定律等。这些法则是通过实验和不断探索总结出来的，并被科学家们认可，而且可以解释宇宙万物的运转规律。

人工智能 • 一种模仿人类思维和行为的技术，英文缩写为 AI。它能通过算法、数据和数学模型，不断地学习和优化，使计算机具备识别图像、理解语言等功能，如今被广泛应用于语音识别、语言处理等领域。

VR • 指通过计算机仿真技术构建出一个真实感强、让人身临其境的三维环境。人们可以通过佩戴设备，进入虚拟场景进行互动和探索。它能为人们提供沉浸式的体验，让人们感受到前所未有的感官刺激。

交互 • 指人与人或人与机器之间的相互作用过程。在电子产品中，通过不同的交互方式，如滑动、语音等，人们可以实现对信息的获取、处理和操作。良好的交互设计能够提高人们的使用体验。

欢迎来到元宇宙，
一个拥有无限可能的虚拟世界！
在这里，
你可以尽情释放想象力，
实现奇妙创意，
亲手书写未来新篇章！

上架建议：少儿·科普

ISBN 978-7-5763-2291-0

9 787576 322910 >

定价：69.00 元（全 3 册）

绿色印刷产品

青鸟童书
只做对得起时间的书

孩子读得懂的

元宇宙

② 新技术，真奇妙

于欣媛 著　汤二嬷 绘

北京理工大学出版社
BEIJING INSTITUTE OF TECHNOLOGY PRESS

孩子读得懂的

元宇宙

② 新技术，真奇妙

于欣媛 著　汤二嬷 绘

北京理工大学出版社
BEIJING INSTITUTE OF TECHNOLOGY PRESS

图书在版编目（CIP）数据

孩子读得懂的元宇宙：全3册／于欣媛著；汤二嬷绘. –– 北京：北京理工大学出版社，2023.8

ISBN 978-7-5763-2291-0

Ⅰ.①孩… Ⅱ.①于… ②汤… Ⅲ.①信息经济—青少年读物 Ⅳ.①F49-49

中国国家版本馆CIP数据核字（2023）第066746号

出版发行 / 北京理工大学出版社有限责任公司

社　　址 / 北京市海淀区中关村南大街 5 号

邮　　编 / 100081

电　　话 / （010）68914775（总编室）

　　　　　（010）82562903（教材售后服务热线）

　　　　　（010）68944723（其他图书服务热线）

网　　址 / http://www.bitpress.com.cn

经　　销 / 全国各地新华书店

印　　刷 / 三河市金元印装有限公司

开　　本 / 787 毫米 × 1092 毫米　　1/16

印　　张 / 11.5　　　　　　　　　　　　　　　　　　责任编辑 / 陈莉华

字　　数 / 123千字　　　　　　　　　　　　　　　　文案编辑 / 陈莉华

版　　次 / 2023 年 8 月第 1 版　2023 年 8 月第 1 次印刷　　责任校对 / 刘亚男

定　　价 / 69.00元（全3册）　　　　　　　　　　　　责任印制 / 施胜娟

目录

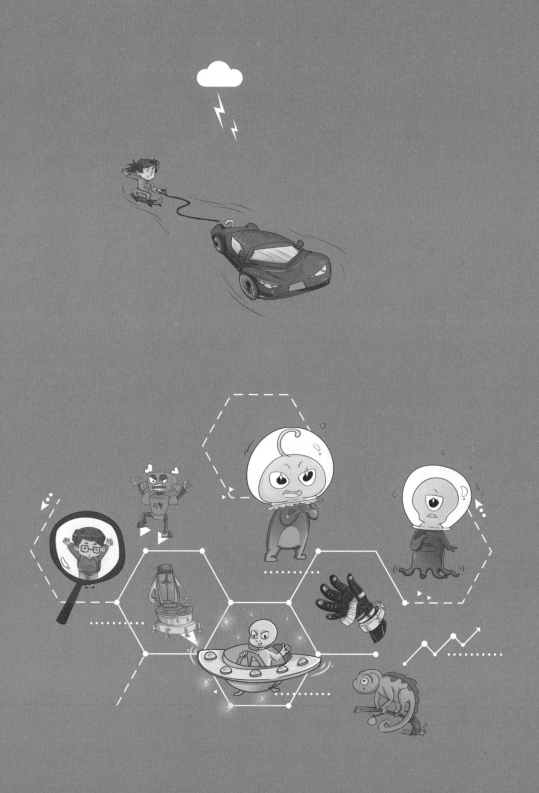

怎么什么都没有呢？

I
元宇宙的八要素

经过这么多折腾，

元宇宙终于在人们强大的技术和创造力背景下诞生了。

而无论是数据和引擎，或是人工智能和 VR，

都只是元宇宙的架构最最基础的东西。

有了它们，元宇宙才得以存在并允许人们进入。

而若是仅有这些东西，

似乎元宇宙还不够有趣。

哪只脚？

1, 2, 3…

哎！

一点儿趣味都没有。

真正的元宇宙，或者说，
足够有新意、足够有趣的元宇宙应该是什么样子呢？
这个问题还没有具体的答案——
正像 137 亿年前，我们的现实宇宙诞生时，
谁也不知道它会发展成现在的模样。
而元宇宙对于现在人类来说，也是这样一个崭新的世界。

在当下，
对于"元宇宙应该是什么样的"
这个问题的解答，
每一位研究元宇宙的学者
都有不同的看法。

我们就是要有摇摇马的元宇宙嘛！

还记得我们之前提到的小说家
尼尔·斯蒂芬森吗？

我又回来了，
还记得我吗？

这是谁？

《雪崩》封面

他首次在小说《雪崩》中提及元宇宙的概念时，
认为元宇宙应该是与现实宇宙同时存在的。
在现实宇宙中地理位置彼此隔绝的人，
在元宇宙中却能够以特殊的"化身"形式出现，
并且面对面地进行交流、娱乐。

元宇宙见

耶！

嗨！

在《雪崩》讲述的元宇宙里，

每个人的"化身"都可以做成自己喜欢的任何样子。

即使你长得很丑，你的化身也可以是大美女或是大帅哥；

即使你刚刚起床、衣冠不整，

进入元宇宙后，你的化身也能够穿着得体、装扮考究。

在元宇宙里，你还能以现实中不存在的形象出现：

一只毛绒怪、一条喷火龙，或是身上有火箭的机械巨人……

在元宇宙的街头走上五分钟，

你就能见到所有这些千奇百怪的玩意儿。

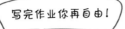

写完作业你再自由！

我自由啦！

除人们的造型不再受到约束外，
在《雪崩》描述的元宇宙里，
场景和环境也与现实世界大有区别。

也许你此刻走在一条灯火辉煌的大街上，
下一刻就发现这条路连接着无尽的黑暗；
也许你此刻在空中飞行，下一刻又钻进了街头的人海里。
人们恣意地做着自己在现实宇宙中无法做到的事。

继小说家尼尔·斯蒂芬森的《雪崩》之后，
美国互联网公司 Linden Lab
在 2003 年推出了一款基于元宇宙概念的游戏——
"第二人生"。

在这款游戏创造的元宇宙里，
人类有了科技高度发达的文明，
在世界各处都能够建立符合自己心意的领域——
日式小屋、中式阁楼、西式城堡，
同时也可以跟元宇宙里的其他人
通过电子货币进行交易和买卖，
共同让元宇宙的世界变得繁荣。

2018 年，由史蒂文·斯皮尔伯格执导的
元宇宙概念电影《头号玩家》在中国上映。
在这部电影里，
人们通过戴上 VR 眼镜，
便能够进入名为"绿洲"的元宇宙。

点数：3659

点数：2489

点数：5848

点数：-1

在这个元宇宙中，
每个人都可以自由设定自己的外貌、身高，
从而化身为一个全新的自己。
他们会有不同的职业——
赛车手、警察、调酒师，
并且用特定的"点数"当作货币，
来与他人交易或炫耀自己的成就。

在尼尔·斯蒂芬森的小说中、"第二人生"的游戏中、

《头号玩家》的电影中所描述的元宇宙各不相同，

人们的身份、目的，甚至货币和文明程度等都有所不同。

直到现在，元宇宙的概念还在"发育"中，

谁也不知道它未来具体会"生长"成什么模样。

但在对元宇宙的讨论中，

依然有一些已经被确定下来的东西。

按照"元宇宙第一公司"Roblox公司的说法，

一个合格的元宇宙，应该有八样必需的东西，分别是：

身份、朋友、沉浸感、低延迟、随地性、多元化、经济系统、文明。

2 我和"宇宙朋友"！——身份和朋友

每一个进入元宇宙的人，
都会有自己的新"身份"。

也许在现实世界中，你只是一位普普通通的学生，
但在元宇宙里，
你可以是一骑绝尘的赛车手、被众人所知的流行偶像……
你会拥有新的姓名、新的外形、新的职业，
元宇宙中的人们会以全新的眼光看待你，
这时，
你也就有了在元宇宙中全新的"身份"。

给我换个身份啊！

在小说《雪崩》里，男主人公阿宏是一名黑客兼比萨饼外卖员，

靠为黑手党送比萨饼谋生，

每次送比萨饼的时限为 30 分钟，若是超过了这个时限，

就要苦哈哈地接受惩罚或罚款——可以说是现实世界里的"外卖小哥"。

而当他进入超现实主义的

数字空间——元宇宙后，

他变成了一个"超级英雄"般的角色——

调查黑暗组织的密码，

并且运用强大的数据技术在各方组织中周旋。

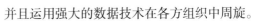

而《雪崩》的女主角在元宇宙中的姓名是"Y.T.",

在这个世界里,这个女孩是一位"速滑达人"——

她拥有一双马克四型智能轮滑鞋,

能够以高速穿梭在车流之中。

通过使用线缆和特制的吸盘拉住其他物体,

Y.T. 可以不停地给自己加速,

甚至各式各样的跑车在速度上都不是她的对手。

在元宇宙中，人们将会像《雪崩》的男女主角一样，
有着像"超级英雄""速滑达人"这样的新身份。
这些身份往往与现实宇宙中的身份毫不相干，甚至天差地别。

当每个人都有了自己的新身份时，
原先在现实世界中的身份或许在元宇宙中就变得不再重要——
在元宇宙里，人们只会关注你在元宇宙中的成就、性格和地位。

《头号玩家》的男主角韦德·沃兹在进入元宇宙前，
在现实生活中只是一个生活在贫民区的普通人，
他害羞、不合群、毫无存在感，所以朋友也很少。

但在进入元宇宙"绿洲"后，
他是一名非常受人关注的"宝藏猎人"，
多次成功找到关键的世界宝藏，他自信、勇敢、机智，
颇受大家喜爱，并且结识了一帮在现实世界与他完全不相识的好友——
高大强壮的机械师艾奇、武士大东和忍者修。

所以，当人们身处在元宇宙，除新身份外，自然也会有随之而来的新朋友。

在现实世界里，

或许作为学生的你会因为常与某位同学一起学习而结下友谊；

在元宇宙世界，

或许你会作为神秘的"寻宝猎人"与另一位"寻宝猎人"变成最佳拍档，

一同去寻找宝藏。

也许某天，你还会发现，

这位最佳拍档竟然

原本就是你在现实世界中的好友！

当然，有一种乌龙的情况是：

在现实世界里，你和班上的某位同学关系非常不好，

但在元宇宙里，你和他却是好朋友、好搭档。

更多时候，在元宇宙中，现实世界中人们的身份会被隐藏。

你不知道我到底是谁，我也不知道你到底是谁。

化身为"科技小狗"的学校校长，

也许能与化身为"可爱小猫"的学生变成"好兄妹"。

在元宇宙，世界是崭新的，身份是崭新的，友谊自然也是崭新的。

此外，与现实世界中每个人都只有社会中的"一重身份"不同，
在元宇宙里，只要引擎允许，人们能够有"多重身份"。
在现实世界里，如果你是一位性格内向的学生，
那么认识你的人都会知道你的"学生"身份，
你在他们眼中的印象也就固定下来——
年龄不大，还在读书，不爱说话。

而在元宇宙里，根据你设定的外形和表现出的性格，
他人会对你有截然不同的印象。

比如，你可以是在元宇宙的科技学校里
到处探险的"学校探险家"，
这是你的第一个身份；

同时，
你还可以是元宇宙的夜晚天空中
经常出现的"闪光飞鸟"，
这是你的第二个身份。
作为"学校探险家"时，
你在他人眼里是一位
富有冒险精神、积极探索的人类；
作为"闪光飞鸟"时，
你在他人眼里是一只神秘莫测的奇怪生物。

我们可以将元宇宙中的"身份"类比成网络游戏中的"账号"。

只要游戏允许人们创建不同的账号，

那么每个账号都可以有不同的外观、造型、声音和故事。

而对于属于同一个人的不同账号上，人们所加到的好友是不一样的。

每个账号的好友也仅会认识这个账号的人物。

根据身份（也就是账号）的不同，

人们可以在元宇宙中同时交到多位不同领域、不同兴趣爱好的好友。

在元宇宙里，

人们会有精彩的、与现实世界不同的多重身份。

跟随这些特殊的身份，

人们也会有交涉极广的、覆盖众多领域的朋友圈。

一个合格的元宇宙，

应该能够给人们提供

比现实世界更大、更广泛、同时也更具特色的社交平台，

将更多的人连接起来。

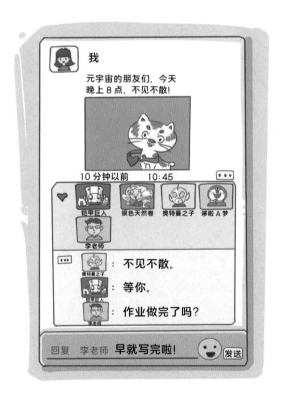

在元宇宙里，人们应该可以利用各种功能和设施，

为自己打造具有代表性的数字化身份，

拥有只属于自己的个性化标签，

从而让自己在元宇宙中更有呼声，获得更多的赞誉和尊重。

凝聚身份、建立情感连接是元宇宙赋予人们的独特价值，

也是未来推动元宇宙进步的主要原因。

所以，身份和朋友，便成为元宇宙八大要素中的两个重要内容。

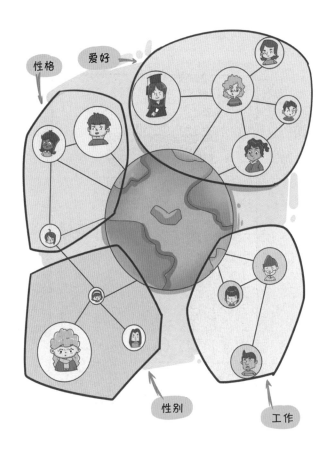

3

哇！这也太逼真啦！——沉浸感

世界上，有不少"大佬"级别的人物
曾经对元宇宙进行过阐述。
中国信息通信研究院云计算与大数据所所长
就曾经针对元宇宙的话题发表过自己的看法。

他说：
"元宇宙是能给用户在视听多方面
带来精神慰藉及沉浸感体验的新世界。"
这段话说明，对元宇宙而言，
"沉浸感"也是非常重要的。
那么，什么是"沉浸感"呢？

沉浸感？

如果去百度百科上搜索"沉浸感"，
那么它会告诉你：
沉浸感，
是人对计算机系统创造和
显示出来的虚拟环境的感觉和认识。

如果去维基百科上搜索，那么它会告诉你：
沉浸感就是让人专注在当前的目标情境下感到愉悦和满足，
而忘记真实世界的情境。
而对于元宇宙，简单来说，
沉浸感，就是元宇宙能让人们感受到自己和万物
都真实地"活"在元宇宙中的能力。

一个合格的元宇宙，

应该让人有真实而鲜活的体验。

同时，也应该让人有这个新世界中的万千事物真实地存在着的体验。

那么，

为了实现沉浸感，

就需要解决两个问题：

如何让人感到自己真实地活在元宇宙中？

如何让人感到万物真实地存在于元宇宙？

你先想着，我吃个饭。

首先让我们来看看第一个问题：

如何让人感到自己真实地活在元宇宙中？

这个问题实际上之前我们已经解决了——

没错，就是使用 VR 技术。

利用能够采集和反馈

人类各式感觉（视觉、听觉、嗅觉、味觉、触觉）的 VR 机器和技术，

就可以将人们的真实感觉在元宇宙中复刻出来。

在当下，利用 VR 目镜、VR 头盔，

人们已经实现了元宇宙在视觉上的呈现。

人们可以 360° 无死角地去看元宇宙的各个角落，

而环境引擎提供的真实光效和场景模型，

也让人们在视觉上可以感受到现实世界的明暗变化和风景转变。

白天，人们能在元宇宙中看见与现实世界中一样的太阳升起；

夜晚，人们能在元宇宙中看见与现实世界中相同的月亮高悬。

利用 VR 耳机、VR 全景演播厅，
人们也实现了元宇宙在听觉上的呈现。
这些 VR 设备能够收集、
传递万物发出的声音并让人们听到，
无论是声音的远近还是大小，
都能清晰而真实地呈现。

于是，在元宇宙里，
人们能够听到深海中巨鲸的遥远呼唤，
也能听到朋友们熟悉的嗓音回响在自己耳边。

在视觉与听觉方面，
现在人们拥有的 VR 技术与设备已经可以很好地呈现，
而嗅觉、味觉、触觉则相对困难。

这是我们
公司的产品！

对于触觉，
国外的 Meta 公司发明了一款专为元宇宙研发的
气动触觉手套。
这种手套上搭载有大量追踪和反馈部件，
不断收集人们的触觉信息，并转化为数据，
从而模拟出人们在与元宇宙中的万物交互时的触感。

Meta 首席执行官
马克·扎克伯格

对于嗅觉与味觉，
现在还没有很好的模拟办法。
但世界上研究元宇宙的科学家
也提出过许多设想：
比如制造能够刺激舌头的皮肤芯片，
在鼻腔中设置能够调和、
散发气味的小型设备……

在未来，
随着 VR 技术和感觉采集、反馈技术的进步，
人们在元宇宙中的体验将变得更真实，
人们在元宇宙中的沉浸感也将越来越强。

既然第一个问题已经有了比较好的答案，
我们再来看影响沉浸感的第二个问题：
如何让人感到万物真实地存在于元宇宙？

首先，我们认为一个事物存在，
是因为我们能看到它、听到它、摸到它、闻到它，甚至尝到它的味道。
对没有生命的物质来说，是因为它有造型且有特定的质量与触感；
而对有生命的物质来说，
是因为它能发出特定的声音、散发出特定的味道，
做出某些动作并对外界的刺激有真实的反应。

就像一朵真实存在的花应该散发出香味，

并且当人们仔细去观察它时，

会发现它的成长经历了种子—嫩芽—分枝—花苞—开花的过程，

当人们摘下它时，它在一定时间后会枯萎。

如果在元宇宙中，花不散发香气，没有成长过程，

也不会因为人们对它的刺激发生反应，

人们就会产生"异样感"，认为这朵花并非真实的存在。

现在的引擎已经可以很好地将万物的造型
在元宇宙中创建出来，
并且能够赋予其质量和基本的行为轨迹。
而如何将事物更真实的成长过程
和对外界的变化反应模拟出来呢？

这就要说到
元宇宙中另一个重要的技术概念——
数字孪生。

数字孪生思想最初由密歇根大学的迈克尔·格里夫斯提出，并命名为"信息镜像模型"，而后演变为"数字孪生"这个术语，也被称为数字双胞胎和数字化映射。

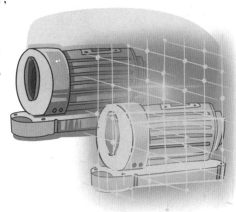

2012 年，NASA 给出了数字孪生的概念描述：指充分利用物理模型、传感器、运行历史等数据，集成多学科、多尺度的仿真过程，它作为虚拟空间中对实体产品的镜像，反映相对应物理实体产品的全生命周期过程。

说到底，还是不如我的方便。

NASA，即美国国家航空航天局

简单来说，
数字孪生就是一种在虚拟空间中制造出事物的"双胞胎"的技术。
例如，它可以通过设置传感器和搜集生命数据的技术，
全方位记录一朵花在生命周期（种子—嫩芽—分枝—花苞—开花）中的
造型变化及对不同刺激做出的反应，
并把这些信息放进虚拟世界里的另一朵花中，
制造出这朵来自现实世界的花在虚拟空间中的"双胞胎"。

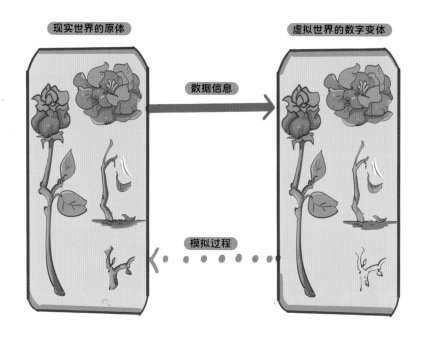

这朵在虚拟空间的花，就被称为"数字孪体"，
它会表现出与现实世界中相同的花的整个生命周期，
并且也会表现出与现实一致的各种现象（盛放、枯萎、叶片掉落等）。

在智能制造领域，

最先使用数字孪生技术的是美国国家航空航天局（NASA）。

在探索月球的项目中，NASA 制造出了空间飞行器的"数字孪体"，

"数字孪体"能够根据"原体"运行的实时反馈信息对

物理实体的运行状态进行监控。

利用这个"数字孪体"，

科学家就能够对飞行中的空间飞行器进行仿真分析，

监测和预测空间飞行器的飞行状态。

所以，

可以说"数字孪体"是现实原体的完美复制。

掌握了数字孪生技术，人们就可以制造出无数个数字孪体，
从而将现实世界中发生的一切复制到虚拟空间。

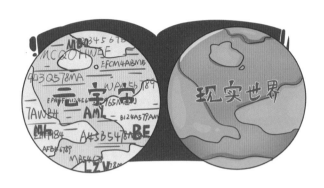

这样，就可以保证在虚拟空间中，
每个事物在它们的全生命周期范围内，都与现实世界协调一致。
而只要创建出的数字孪体足够多，
人们甚至可以将整个地球的真实状况都搬进虚拟世界里。

当人们将这些带有刺激反馈和全生命周期的"数字孪体"搬进元宇宙时，元宇宙也就获得了在每个角落都自动地进行真实演化的能力。

当你走进元宇宙中的某个巷角，
发现了一朵花时，这朵花或许正在盛放；
而当你摘下它，将它放置在家里，过几天再去看它，它便会枯萎。
通过这个技术，就能够进一步消除人们在元宇宙中的"异样感"，
让人们感到万物真实地存在于元宇宙。

运用物理引擎、VR 技术、建模技术、数字孪生技术，

以及未来会更新和出现的新技术，

人们将不断提高在元宇宙中的沉浸感。

合格的元宇宙，将能够在多层次、多方面满足人们的需求，

甚至可能让人专注于元宇宙，忘记真实世界的情境。

而也只有具备相当沉浸感的元宇宙，

才是一个"能给用户在视听多方面带来精神慰藉以及沉浸感体验的新世界"。

沉浸感，

也就成为元宇宙八大要素中的

核心内容，

同时也成为

元宇宙发展的核心追求。

4
想去哪里都行! ——低延迟、随地性

正在连接元宇宙……

在小说《雪崩》中,
人们可以在任何地方,通过多种方式进入元宇宙。
比如,在行驶的汽车上。
书中提到: "今天的车流也并不顺畅,
所以阿宏把计算机插在点烟器电源上,戴上目镜进入了元宇宙。"

我来了!

元宇宙

又比如在空中的飞机里。
书中提到:
"莱夫在他公司的那架直升机里
装有移动卫星上行通信设备,
和商业客机上的那种装置一样,
让他在空中飞行时也能访问元宇宙。"

在《雪崩》描绘的世界中，
人们只要有一个任意形态的元宇宙终端，
便可以随时随地进入元宇宙的世界。
这些终端的形态可以是手机、计算机、飞机操作屏或汽车的显示屏。

终端屏幕

不过遗憾的是，在当下，

人们还并未拥有足够的技术去创造这些多样化的元宇宙入口。

比如，我们无法像《雪崩》中的主人公一样，

"嗖——"的一下通过汽车里的接口把自己传送进元宇宙。

在当下的日常生活里，

人们只是能够使用一些特殊的技术（比如扫描二维码），

获取到网络世界输出的信息，

且只能输入简单的指令与网络世界进行交互，

比如付款、填表等。

虽然人们已经开发出 VR 眼镜、VR 场景实验室等
简单的元宇宙入口，
但这些入口往往离开特定的环境
就无法使用了。

想想看，
如果你每次想进入元宇宙时，
都要从包里掏出重重的眼镜、戴上奇怪的手套，
或是长途跋涉到有这些设备的房间里，
那得多麻烦呀！

技术的限制

也体现在许多

描绘元宇宙的作品中。

比如在《头号玩家》里，

人们还是需要在家中戴上特制的眼镜或躺入座椅设备才能进入元宇宙，

一旦离开了特定的环境和设备，

就无法自由地进入元宇宙中。

所以，如果不能冲破技术的限制，
元宇宙就始终会受限于现实世界的空间。
人们无法在需要的地点链接元宇宙——
这样的元宇宙条件在提出元宇宙八大特性的
Roblox 公司看来是不合格的。

Roblox 公司的
代表人

一个合格的元宇宙，
就应该和我们现在从兜里掏出手机进入网络世界一样方便进入。
只有打破了空间限制、具有随地性的元宇宙，
才能让用户享受到自由穿梭于其间的便捷性。

除了突破空间的限制，
元宇宙技术还面临一个难题——
突破时间的限制。

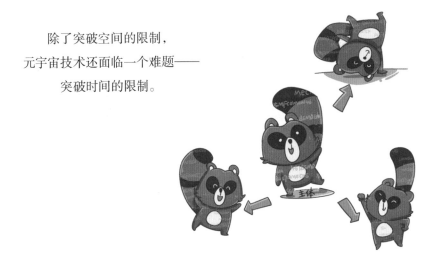

之前我们已经说过，元宇宙是由数据构成的世界，
元宇宙中的万物都蕴含着大量的数据。
这些数据会根据元宇宙世界的变动不断变化和增殖。
比如，在某一秒钟，元宇宙某处的一只老羊生出了两只小羊，
那么在这个瞬间，元宇宙中就会多出两只小羊的数据；
而在下一秒，当这两只小羊拉出粪便时，
元宇宙中又会多出它们的粪便的数据。

只是在两秒之内，

两只微不足道的羊就会在元宇宙中产生大量增殖的数据。

而在这两秒里，元宇宙中的万物也都与这两只羊一样，

不断产生着变动增殖的数据。

元宇宙如此庞大，每一秒的变动和数据增殖都是非常可怕的——

何况，元宇宙的存在远远不止两秒。

别忘了，除元宇宙自身的变动产生的数据外，
用户们也会马不停蹄地在元宇宙中制造出创意内容——
这一秒你创造出一只独角兽，
下一秒我创造出一个新的化身造型，
再下一秒他创造出一个神奇的道具……
所有这些内容，都是庞大的数据。

而这么多的数据，
都要靠万物管理者——引擎去管理、协调，
这时就会出现一个问题：
引擎有可能忙不过来。

如果引擎忙不过来，会出现什么状况呢？

——会造成元宇宙的"卡顿"。

没空，等我忙完再理你！

比如，你告诉引擎：

我想要一只彩虹独角兽。

如果引擎忙不过来，就可能要等它忙完了，

才会在元宇宙里帮你生成这只彩虹独角兽，

而在它忙完之前，你就只好干等着。

又比如，当你已经在你的终端（手机、计算机或其他入口）上
生成了一只彩虹独角兽，想要让这只彩虹独角兽被元宇宙中的所有人看到时，
则需要将彩虹独角兽的数据上传给引擎，
让它将这只彩虹独角兽的数据发送给所有人。

而若引擎忙得没空理你，
你的彩虹独角兽也就无法被其他用户意识到、察觉到，
因为你创造的这只彩虹独角兽的数据，
并没有被及时地发送到其他用户的终端上。

如果一个经常"忙不过来"的引擎
在维持着元宇宙的运转，
那么就会出现这些状况：
某个用户看到元宇宙中的一朵花在盛放，
而另一个用户看到这朵花还是花苞；

奇怪，我不
应该是一个
花骨朵吗？

某个用户听到元宇宙中的老师
在讲第一课的第一章，
而另一个用户已经听完老师讲的这堂课了。

刚才 AI 语文老师讲的
课你听懂了吗？

元宇宙大讲堂

啊？不是还没
开始上课吗？

显然，在引擎忙不过来的元宇宙中，

人们获取信息的速度是不同步的。

在这样不同步的宇宙中，每个用户看到的世界都不一样。

而用户与用户之间获取信息的时间差，就称为"延迟"。

比如，上一秒你看见了元宇宙中一朵花的绽放，

而我在下一秒才看到它的绽放，

那么，我与你之间在元宇宙中的延迟就是1秒（用国际单位表示就是1s）。

如果元宇宙中的延迟很高，就会产生许多滑稽的场景。

想象一下，你和你的小伙伴在元宇宙中的球场踢球，当你潇洒地一脚踢到球上时，小伙伴却还没有看见球——

这时他肯定会觉得，

哈哈哈，这人怎么在踢空气？

被踢的空气

高延迟带来的信息不同步

也将导致人们在元宇宙中各种活动的不便：

开会时不能及时沟通、购物时无法马上试穿到心仪的衣服、

进入新区域时半天才能看到场景……

所以，只有打造出

任何时候都"忙得过来"的引擎，

人们才能够突破元宇宙中时间的限制，

元宇宙的用户也才能够随时与他人互动，

随时感受到元宇宙的变动。

在一个合格的元宇宙里，一切都应该是同步发生的，
每个用户经历的都应该是其他用户也正在经历的，
整个世界应该能够同频刷新——

记者

这样没有"卡顿"的元宇宙，
才是合格的"低延迟"世界。

那么如何打造"永远忙得过来"的引擎，
创造"低延迟"的元宇宙，
搭建出能在元宇宙快速上传、下载数据的网络通道呢?

这就要依靠我们常说的 5G、
大数据和云计算等一系列能够提升
引擎处理速度和网络传播速度的技术。
而在当下，
能让元宇宙实现低延迟的最重要的技术，
就是 5G 技术。

现在人们使用的终端
（手机、计算机、平板电脑等）
大多还停留在 4G 的层面。
在美国，如果你通过移动设备
玩游戏、接视频，
以现在的 4G 技术，大约平均有
40 微秒（1 微秒 =0.000001 秒）的延迟。

而在全球范围内，
以现在的 4G 技术，
一段数据想要从某个城市传输到另一个城市，
可能会经历 100~200 微秒的延迟。

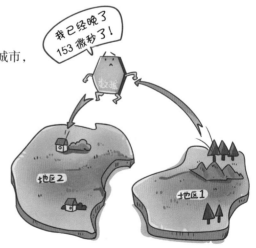

为了解决现实世界和元宇宙中的延迟问题，
人们正在积极地研发更高效、
更快速的 5G 技术。
今后普遍使用 5G 的终端，
延迟将会比 4G 平均少 20~40 微秒。
随着 5G 技术的进步，
这个延迟也将变得越来越低。

而在未来，还将有 6G 技术、7G 技术……
这些都将帮助人们冲破时间的限制，
搭建出更好、更快的元宇宙。

不 断 发 展

打破空间和时间的限制，
将是未来元宇宙所要重点解决的两个问题。
当这两个问题完全解决时，
人们不用戴上设备就可以在元宇宙来场狂欢，
看中任何的东西都可以进入元宇宙试用和购买，
想要跨越国境旅游也不必离开自己的家。

只有实现元宇宙的"随地性"和"低延迟"，
让用户能够随时、随地进入元宇宙，随时、随地观测到元宇宙的细微变化，
才能让元宇宙变得更加实用而具有沉浸感。

元宇宙的八要素 • Roblox 公司提出的概念。他们认为真正的元宇宙产品应具备的八个方面的优质要素，包括身份、朋友、沉浸感、低延迟、随地性、多元化、经济系统、文明。

《第二人生》 • 一款虚拟世界游戏，2003 年上线发行，玩家可以在游戏中创建自己的角色，探索虚拟世界。该游戏采用了高度开放式的设计理念和情节构建，没有固定的任务和目标，玩家在游戏中可以自由地进行社交、建造、贸易等活动。

《头号玩家》 • 一部探讨虚拟世界的电影，2018 年上映。故事发生在 2045 年的未来世界，主角韦德在虚拟世界中寻找宝藏，并与其他玩家展开冒险活动。电影呈现了虚拟与现实之间的关系，同时探讨了人类对于元宇宙世界的渴望。

沉浸感 • 沉浸感是指在体验某种环境时，能够忘却现实周围的干扰，全身心投入其中的感觉。沉浸感是衡量虚拟现实技术质量的重要标准之一，良好的沉浸感能够提高人们在虚拟世界的愉悦感和满足感。

数字孪生 • 是通过数字化技术，对现实中的对象或场景进行建模和仿真，创造出与现实世界相同的虚拟模型。在虚拟现实领域，数字孪生能够为人们带来更强的沉浸式的体验。